Bent Scharfenberg
AKTIONSBUCH
Meins. Hände weg!!!

AF168725

Das Buch: Mit diesem Buch kannst du machen, was du willst. Du findest hier vielseitige Anregungen für mehr als 100 Aktionen: Basteln, Zeichnen, Spiel und Sport, Experimente, Witze, Rätsel, Quatsch und jede Menge Unfug. Gestalte das Buch, mach es fertig und habe Freude daran! Denn es ist so einzigartig wie du selbst. Kleiner Tipp: Hebe das Buch gut auf. Dann wird es dir ein Stück deiner Kindheit bewahren: heute und in vielen Jahren.

Der Autor: Bent Scharfenberg, geboren 1968, spielt hier nur eine Nebenrolle. Er hat da einfach mal was vorbereitet: bedrucktes Papier, das erst durch deine Fantasie zu einem ganz besonderen Buch wird.

Knicke diese Seite an der gestrichelten Linie ein paarmal hin und her. Reiß die Ecke ab und schreib "Lesezeichen" drauf. Schon hast du ein prima Lesezeichen.

(Tipp: Du kannst dein Lesezeichen natürlich noch verhübschen. Also zieh es durch den Dreck. Mit etwas Glück überträgt er sich auf andere Seiten.)

AKTIONSBUCH
Meins. Hände weg!!!

Bent Scharfenberg

© 2013 Bent Scharfenberg
2. Auflage 2013
Herstellung und Verlag: BoD - Books on Demand, Norderstedt
ISBN 978-3-7322-6315-8

Nimm so viele Stifte in deine Hand, wie du halten kannst und schreibe deinen <u>Vornamen</u> in das Kästchen. Schreibe die Buchstaben übereinander (einen auf dem anderen). Drehe das Buch nach rechts und schreibe nochmal deinen Namen. Wiederhole das Ganze noch zweimal. Bei der vierten Drehung sollte das Buch wieder in der Ausgangsposition sein. (Tipp: Merke dir deinen Namen. Du wirst ihn nicht mehr lesen können.)

+++ FUNDBÜRO +++ FUNDBÜRO +++ FUNDBÜRO +++ FUNDBÜRO +++

Wenn du dieses Buch <u>gefunden</u> hast, dann habe ich es wohl verbummelt. Kann ja mal vorkommen. Bitte sei so lieb und schicke es an meine Adresse. (Als Finderlohn bekommst du dann von mir ein Dankeschön.)

Vervollständige deinen Namen und deine Anschrift.

Ich heiße _____

Straße und Hausnummer _____

Postleitzahl und Ort _____

Land _____

Dir ist dein Buch abhanden gekommen und es war wirklich jemand so nett, es an dich zurück zu schicken? Dann reiß die untere Ecke mit dem "Dankeschön" ab und sende sie an den ehrlichen Finder. Da freut er sich bestimmt ganz riesig. (Tipp: Mit einem selbst gemalten Bild kannst du deinen Dankesbrief erheblich aufwerten. Extra-Tipp: Lege am besten eine Liste mit all den Sachen dazu, die du sonst noch so vermisst. Man kann ja nie wissen...)

↓

Dankeschön

<u>Norde dein Buch ein.</u> Halte es flach vor dir hin. Dann richte es so aus, dass der Nordpfeil nach Norden zeigt. Du kannst dazu einen Kompass zu Hilfe nehmen oder dich am Stand der Sonne orientieren. (Morgens geht sie im Osten auf, wandert bis zur Mittagszeit nach Süden und versinkt abends im Westen. Tipp: Im Norden kannst du die Sonne lange suchen.)

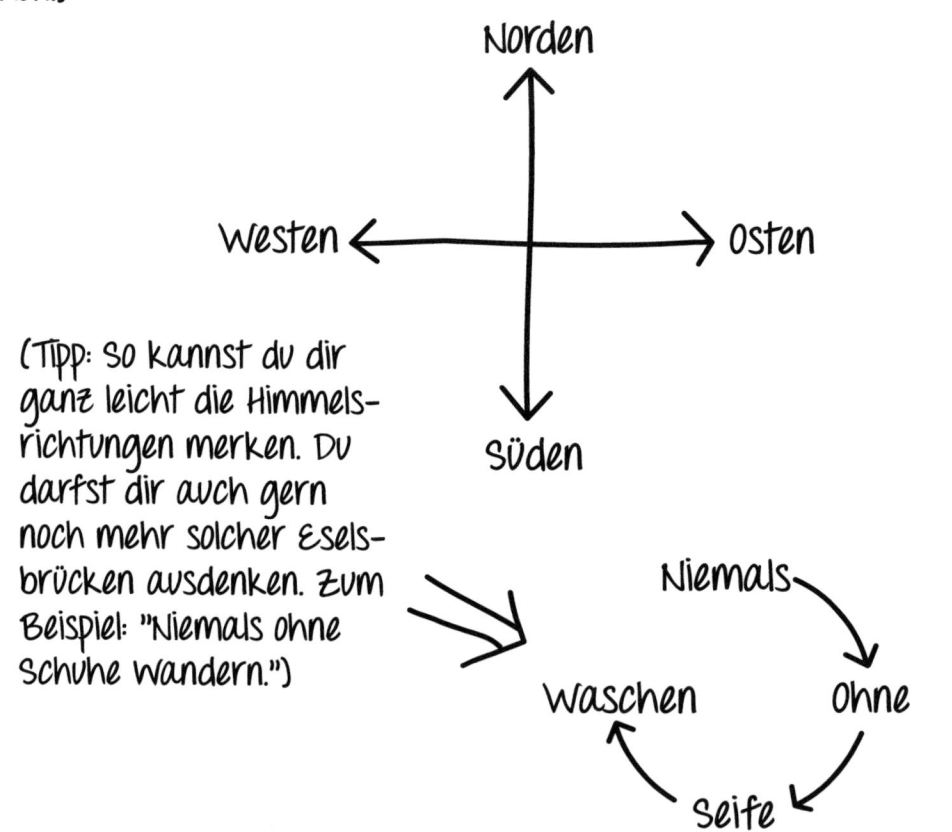

(Tipp: So kannst du dir ganz leicht die Himmelsrichtungen merken. Du darfst dir auch gern noch mehr solcher Eselsbrücken ausdenken. Zum Beispiel: "Niemals ohne Schuhe wandern.")

Südseite 8

Schneide das Datum aus einer aktuellen Tageszeitung aus und klebe es hier auf.

(Tipp: Nun kannst du alle Jahre wieder den Geburtstag deines Buches feiern.)

Wiege das Buch auf einer Haushalts- oder Küchenwaage. Notiere hier das Gewicht (in Gramm).

Messe mit einem Lineal, wie dick das Buch an seiner dicksten Stelle ist (in Millimetern). Schreib auf, was du gemessen hast.

Befestige einen <u>Knopf</u> an der Titelseite. Entweder du nimmst einen mit Löchern drin und nähst ihn fest oder du findest einen Knopf mit Öse. Dann brauchst du nur einen kleinen Schlitz für die Öse pieken, die Öse durchstecken und von der anderen Seite mit einem Schlüsselring sichern. Der beste Knopf nützt nix, wenn man ihn nicht irgendwo festmachen kann. Also schneide in den Rückumschlag einen Schlitz. Der sollte ein kleines bisschen länger sein als der Knopf breit ist. Dann passt es auch.

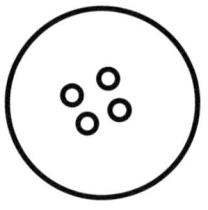

Knopf zum Vernähen
(kann ausreißen)

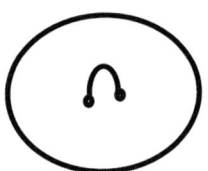

Knopf mit Öse
(hält besser)

(Tipp: Wenn du den Knopf mit dem Rückumschlag verknüpperst, kannst du das Buch prima an eine Wäscheleine oder einen Ast hängen. Vielleicht hat einer von deinen Freunden oder Freundinnen ja auch so ein Buch? Dann könnt ihr sogar mehrere solcher Bücher zu einer Kette verbinden.)

Besorge dir ein Stück Schlüpfergummi. Lege ihn doppelt und mach einen Knoten rein. Die Schlaufe sollte dabei nicht ganz so lang sein, wie das Buch hoch ist. Dann machst du den Gummi von oben nach unten um dein Buch. Nun kann nichts mehr so leicht rausfallen.

(Tipp: Du kannst auch einen alten Schlüpfer nehmen und den Bund mit dem Gummi drin komplett abschneiden. Probier vorher mal, was am besten passt - der obere Bund oder einer von den Beinen.)

Schreibe mit einem Bleistift dein größtes <u>Geheimnis</u> in dieses Kästchen.

(Tipp: Radiere es gleich wieder weg. Schließlich soll es ja geheim bleiben.)

Auf dieser Seite kannst du eine <u>Wasserblume</u> basteln. Schneide die Blume mit einer Schere entlang der durchgezogenen Linien aus. Falte die Blütenblätter an den gestrichelten Linien zur Mitte hin. Fülle eine Schüssel oder ein Waschbecken mit Wasser und lege die Blume mit den Blütenblättern nach oben auf das Wasser (flache Seite unten). Beobachte die Blume. Sie müsste sich langsam öffnen.

Bastelblume

Kopiervorlage für Ersatzblumen

(Tipp: Wenn du die Blume vorher mit Buntstiften bemalst, sieht sie noch schöner aus. Weitere Blumen kannst du mit der Kopiervorlage basteln.)

Das ist die Rückseite
von der Wasserblume.
Da kann man nix machen.

Lege das Buch unter ein _Stuhlbein_. Setze dich auf den Stuhl und kippel darauf herum.

(Tipp: Probiere auch die anderen Stuhlbeine aus.)

Merke dir diese Witze und erzähle sie weiter.

Gehen zwei Zahnstocher durch den Wald. Kommt ein Igel vorbei. Sagt der eine Zahnstocher zum anderen: "Wusste gar nicht, dass hier auch ein Bus fährt."

Kommt eine Frau zum Bäcker: "Ich hätte gern 99 Brötchen." "Nehmen Sie doch gleich 100." "Wer soll die denn alle aufessen?"

Fragt einer seine neue Urlaubsbekanntschaft: "Sagen Sie mal, was haben Sie eigentlich für ein Hobby?" "Na, Fliegen." "Ist aber nicht gerade billig." "Na ja, ich fange sie doch selber."

Tausche mit deinen Freunden <u>Witze</u> aus und schreibe den besten davon hier auf.

Für den Fall, dass dein Buch mal in falsche Hände geraten sollte, schreibe auf diese Seite: "Wer das liest, ist doof."

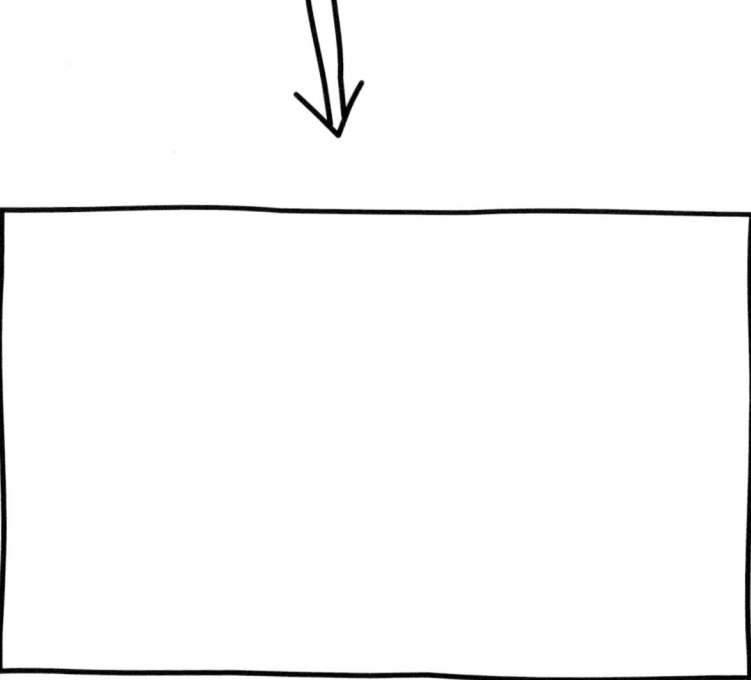

(Tipp: Das gilt nicht für den Besitzer des Buches. Ganz im Gegenteil!!!)

Knicke diese Seite an der gestrichelten Linie mehrmals hin und her. Reiße sie entlang der Linie heraus und zerknülle sie. Trage die Seite, solange es geht, in deiner Hosentasche herum. Danach klebe sie wieder mit einem Klebeband dort ein, wo du sie rausgerissen hast.

(Tipp: Die Seite wird um so schöner, je mehr Krimskrams du in deiner Hosentasche herumträgst.)

Das ist nur die Rückseite von der Hosentaschen-Rumtrage-Seite. Zur Sicherheit kannst du sie auch hier nochmal mit Klebeband festkleben.

Fummel einen <u>Schlüsselring</u> durch den obersten Ring der Spiralbindung deines Buches. Hänge es an einem Haken auf.

(Tipp: Wenn du an den Schlüsselring noch einen Karabinerhaken machst, kannst du das Buch auch prima an einer Gürtelschlaufe befestigen.)

Notiere auf dieser Seite, was du später mal werden möchtest. Du kannst auch gern mehrere <u>Berufe</u> angeben.

_____

_____

_____

Schreibe auch auf, was du <u>überhaupt nicht</u> machen möchtest.

↓

_____

_____

(Tipp: "Später" liegt ja in der Zukunft. Du kannst dir also auch Berufe aussuchen, die es noch gar nicht gibt. Jahreszeitenausrufer oder so...)

Lass das Buch zugeschlagen und lege es draußen auf den Boden. Fahre mit deinem Fahrrad oder Roller über das Buch. Immer, immer wieder. Dann schlage diese Seite auf und fahre einmal über sie rüber.

(Tipp: Fahre vorher durch eine Pfütze. Falls gerade keine da ist, bastel dir eine mit etwas Wasser. Vermeide Fahrten durch Hundekacke.)

Kitzel diese Seite mit einer <u>Vogelfeder</u>. Wenn du keine finden kannst, dann nimm einfach ein Wattestäbchen (Ohrentupfer).

(Tipp: Zum Beweis kannst du die Feder oder das Wattestäbchen mit Klebeband an der Seite befestigen.)

Schreibe in das obere Kästchen "Vorwärts", ins linke Kästchen "Links", in das rechte "Rechts" und in das untere "Rückwärts". In den Kreis in der Mitte schreibst du "Stop". Fertig ist die <u>Fernbedienung</u>. Nun kannst du mit einem Freund oder einer Freundin Roboter spielen. Einer drückt die Tasten und sagt laut an, was er gedrückt hat. Der andere führt die Kommandos aus. (Man kann es aber auch allein spielen und ist dann sein eigener Roboter.)

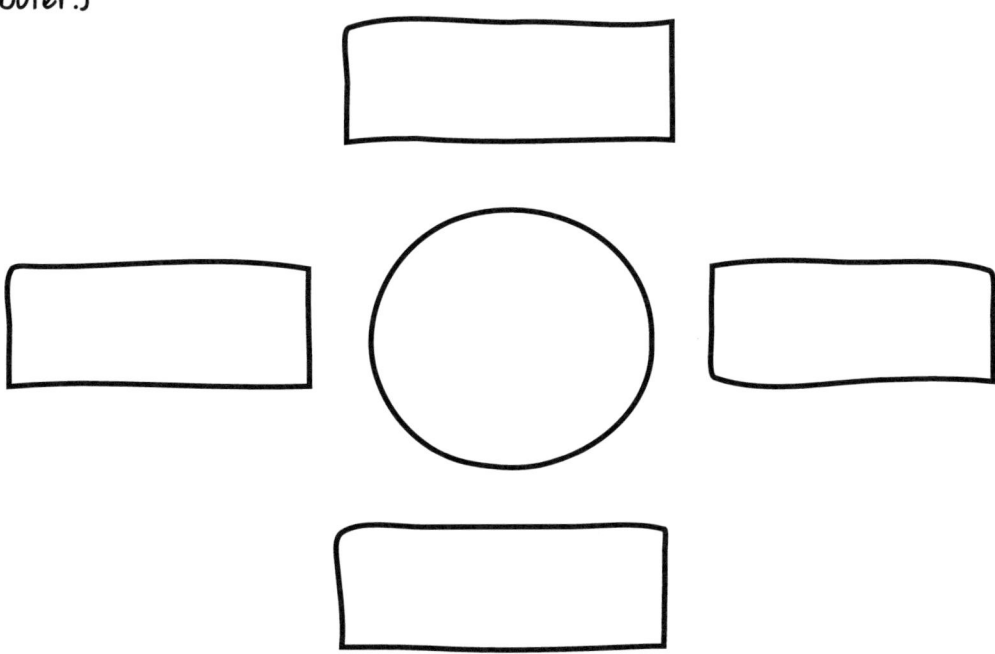

(Tipp: Wechselt euch auch mal ab. Vielleicht fallen euch ja noch ein paar Sondertasten ein, die ihr ergänzen wollt. "Rolle vorwärts" oder so...)

Nimm einen <u>Keks</u> und lege ihn auf die nächste Seite. Klappe das Buch zu und hau mit deiner Faust drauf herum. Dann schlage die beiden Seiten wieder auf und zähle die Keksstücke. Schiebe sie durcheinander und puzzel den Keks wieder zusammen. Dann kannst du ihn vernaschen.

Der Keks gehört auf die nächste Seite.

(Tipp: Am besten sind Schoko-Kekse. Dann kannst du auch später noch deine Arbeit bewundern.)

Diese Seite dient als <u>Unterlage</u> für das Keks-Puzzle.

```
┌─────────────────────────┐
│                         │
│      Hier kommt         │
│      der Keks hin.      │
│                         │
└─────────────────────────┘
```

(Tipp: Je öfter du das Keks-Puzzle machst, desto mehr Kekse kannst du naschen.)

Geh mit deinen Eltern in den Supermarkt und schreib auf, was ein Brötchen, ein Stück Butter, ein Liter Milch, ein Kilogramm Zucker und ein Kilogramm Äpfel kosten. Notiere alle Preise in <u>Euro</u> und das Datum.

Datum ⟶				
ein Brötchen *				
ein Stück Butter				
ein Liter Milch				
ein kg Zucker				
ein kg Äpfel				

* Je nach Region können das auch Schrippen, Semmeln, Rundstücke, Wecken, Weckle, Weckla, Weckerl, Weggli, Kipfl, Laabla, Stella oder so sein.

(Tipp: Wiederhole den Versuch im Abstand von einigen Jahren. Deine Eltern kannst du ja dann zu Hause lassen.)

Schneide das Schild aus und falte es in der Mitte.

Bitte nur eine Packung nehmen.

Geh mit deinen Eltern in den Supermarkt und stell das Schild im Salzregal auf. Beobachte die Leute. (Hast du jemals schon so viele Menschen gesehen, die Salz gekauft haben?) Dann nimm das Schild wieder weg und beobachte die Kunden erneut.

(Tipp: Probiere das Schild auch bei anderen Waren aus.)

Das ist die Rückseite
vom Supermarkt-Schild.

Seite 30

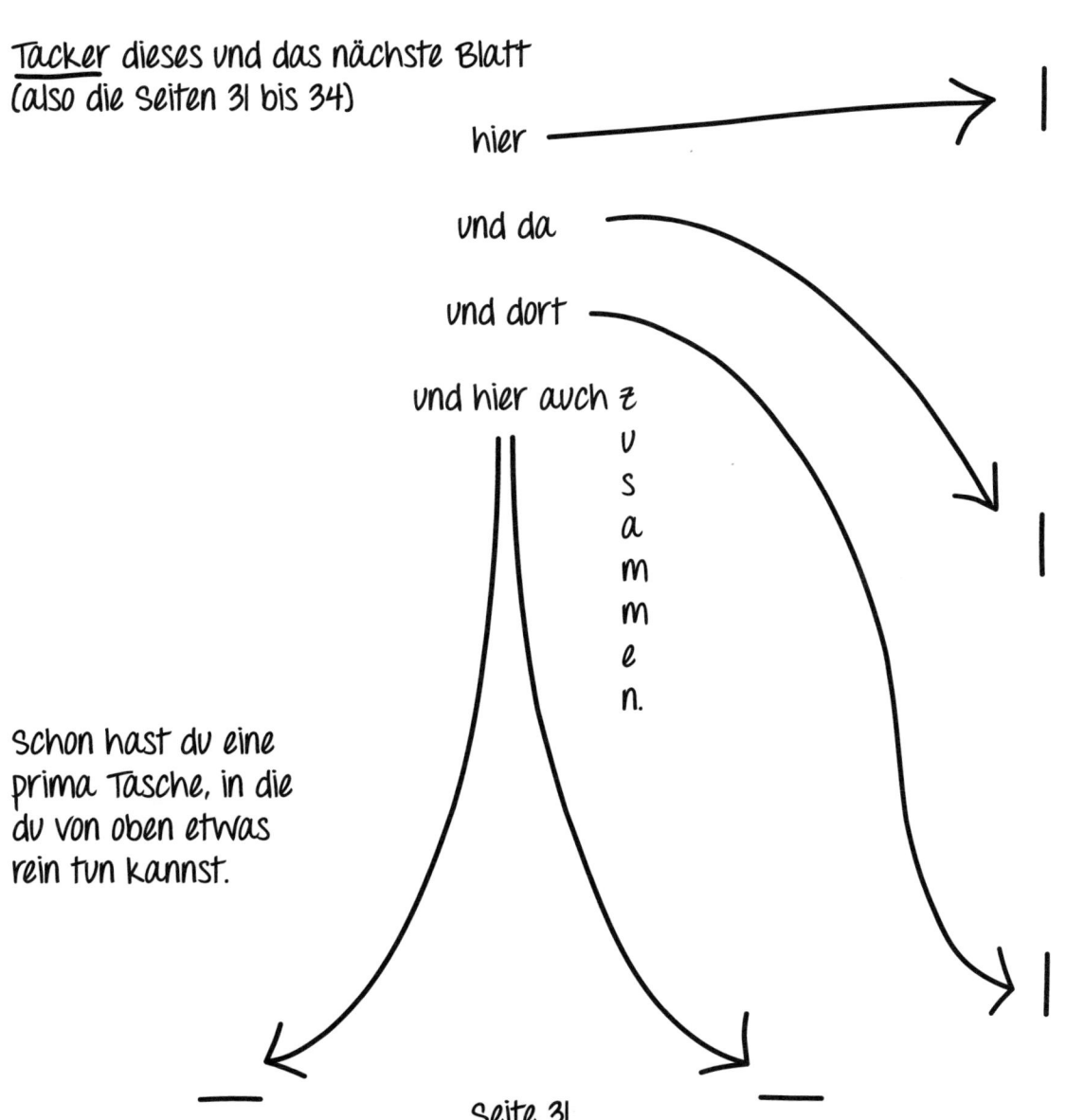

Das ist nur eine Innenseite von der getackerten Tasche.

Das ist auch nur eine Innenseite von der Tackertasche.

Das ist nur die Rückseite von der Tackertasche.

(Tipp: Um den Inhalt darin zu sichern, kannst du an der Oberkante noch ein paar <u>Büroklammern</u> befestigen.)

Schneide das Viereck aus. Schon hast du einen kleinen Zettel. Schreib deinen größten <u>Wunsch</u> darauf und schicke den Zettel in einem Briefumschlag an dich selbst (Briefmarke nicht vergessen).

(Tipp: Wenn der Brief wieder bei dir angekommen ist, dann lass ihn ungeöffnet und hebe ihn gut auf. Tu ihn in die Tasche auf Seite 31.)

Das ist nur die Rückseite
von deinem Wunschzettel.

Werfe das Buch so <u>weit</u>, wie du kannst. Klemm dir dabei einen Tischtennisball (Tannenzapfen, Radiergummi oder so) unter den Arm, mit dem du wirfst. Am besten ist es, wenn du mit Freunden einen Wettstreit machst, wer es am weitesten werfen kann. Wenn der Tischtennisball runterfällt, ist der Wurf natürlich ungültig.

(Tipp: Am meisten Spaß macht es, wenn ihr euch rohe Eier unter die Arme klemmt. Das ist dann Nervenkitzel pur – sogar für eure Eltern. Selbst dann, wenn sie gar nicht mitspielen.)

An welche Tiere denkst du manchmal, wenn deine Eltern wütend oder bei bester Laune sind?

	wütend	fröhlich
Mutti		
Vati		

Wenn du dir aussuchen könntest, ein Tier zu sein, welches wärst du dann am liebsten:

_____

Warum eigentlich?

_____

_____

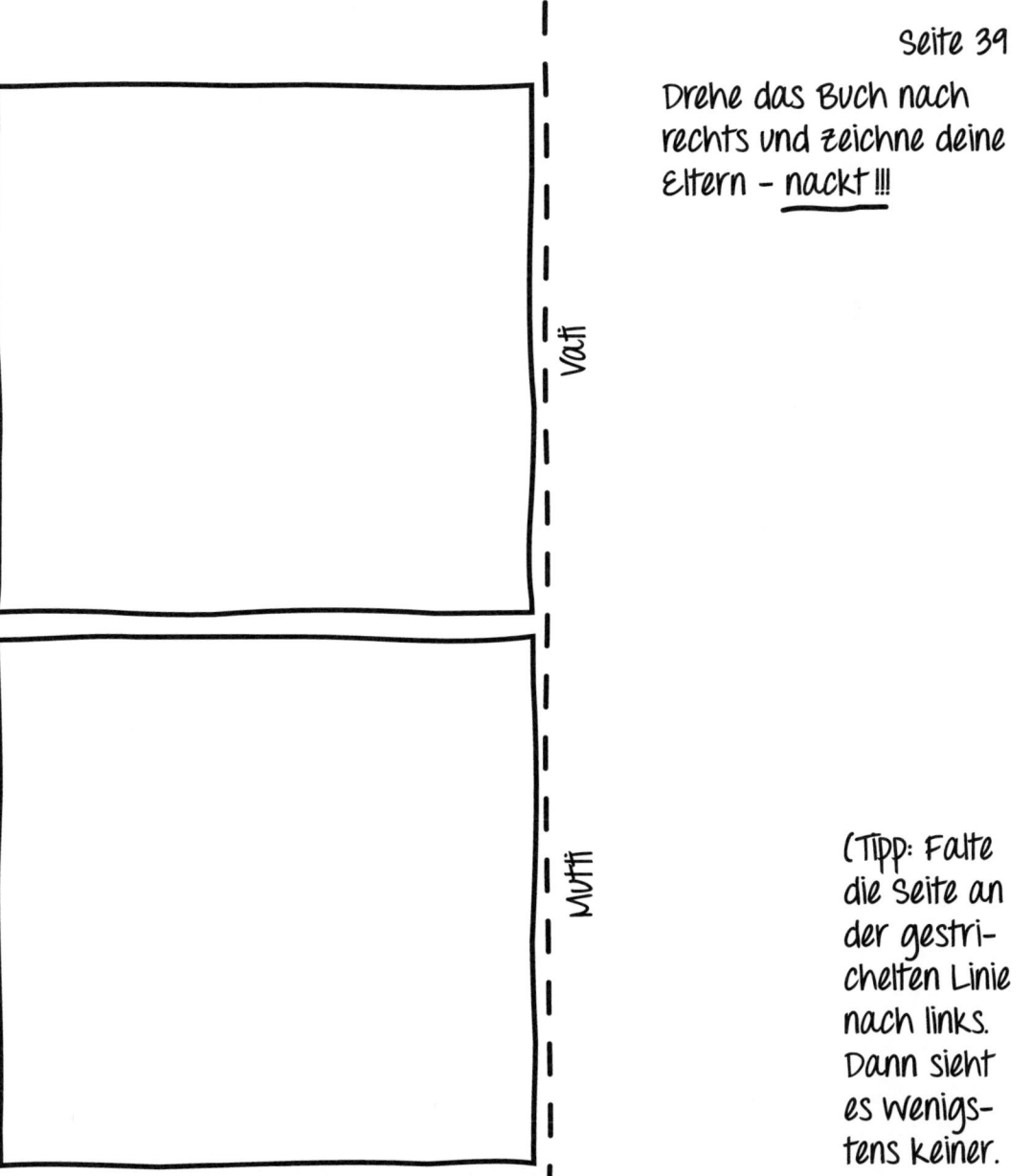

Seite 39

Drehe das Buch nach rechts und zeichne deine Eltern - <u>nackt</u>!!!

(Tipp: Falte die Seite an der gestrichelten Linie nach links. Dann sieht es wenigstens keiner.

Aufklappen auf eigene Gefahr!!!

Das ist nur die Rückseite der Eltern-Bilder. Die müsste jetzt eigentlich umgeklappt sein.

Seite 40

Lege das Buch flach auf deinen Kopf und versuche, damit zu balancieren. Gehe mit dem Buch auf dem Kopf umher. Bitte deine Freunde, das auch zu tun. Notiere, wer es <u>am weitesten</u> geschafft hat:

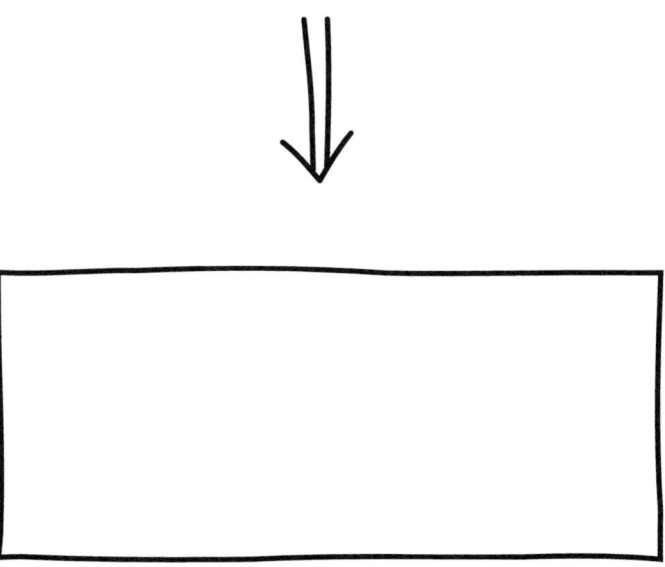

(Tipp: Probier das auch mal mit geschlossenen Augen.)

Mach eine <u>Pause</u>. Auch so ein Buch möchte sich mal ausruhen.

Schrei diese Seite an – so laut du kannst. Damit _alle_ wissen, dass die Pause vorbei ist.

(Tipp: Bedanke dich bei _allen_ für die Aufmerksamkeit.)

Such dir allerlei Gegenstände mit einem <u>runden</u> Boden oder Deckel: Töpfe, Tassen, Gläser, Teller, Eierbecher und so. Stell sie auf diese Seite und umrande sie mit farbigen Stiften. Du hast dann ganz viele Kreise oder Teile davon (Halbkreise und Kreissegmente). Um so mehr Kreise du machst, um so wirrer wird dein Bild.

(Tipp: Signiere das Bild mit deiner Unterschrift, schon ist es Kunst.)

Nimm einen runden Kaugummi. (Eine Murmel geht auch.) Halte das Buch waagerecht vor dir hin und lege den Kaugummi in die Mitte des Kreises. Nun balanciere das Buch so aus, dass sich der Kaugummi bewegt, aber nicht aus dem Kreis rollt. Probiere das Ganze auch mal auf einem Bein stehend.

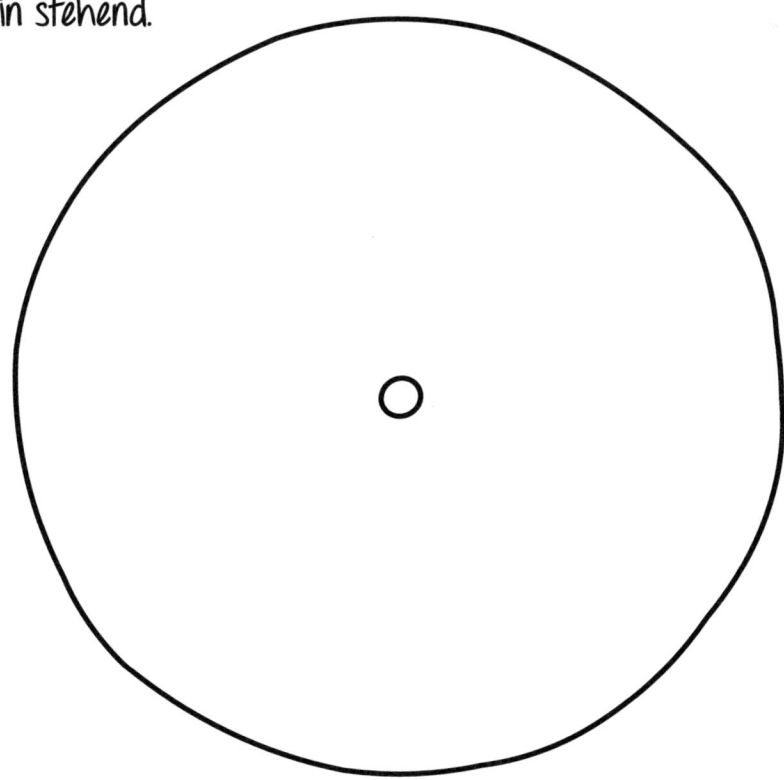

(Tipp: Mit einem Kaugummi geht es viel besser als mit einer Murmel. Man kann ihn nämlich nach dem Spiel vernaschen, die Murmel nicht.)

Reiß dir ein __Haar__ aus und klebe es mit durchsichtigem Klebeband auf dieser Seite fest. (Funktioniert übrigens auch mit ganzen Büscheln.)

(Tipp: Solltest du dir mal die Haare färben, kannst du hier die Original-Farbe bewundern. Ach dann, wenn sie später mal grau werden.)

Schneide mit einer Schere von unten nach oben die beiden durchgehenden Linien entlang. Falte das Papier an der gestrichelten Linie und klappe es nach oben. Überklebe den linken und den rechten Rand bis zum Seitenende mit Klebeband. Dann hast du eine Tüte, die oben etwas übersteht. Tu ein <u>Passbild</u> von dir dort hinein. Falte das überstehende Ende und stecke es in die Tüte.

(Tipp: Zwei Passbilder sind noch besser als eins – kleine Reserve.)

+++ Klebeband +++ Klebeband +++

+++ Klebeband +++ Klebeband +++

Seite 47

Schneiden (rechte und linke Seite)

Das ist nur die Rückseite von der Passbildtüte. Mehr nicht.

Rätsel: Was ist das? Ist gelb, fällt vom Baum und riecht nach Banane.

Lösung: Affenkotze

Hier findest du eine coole <u>Geheimschrift</u>. Die Bezeichnungen an den Rändern sind die Koordinaten für die Buchstaben (Großbuchstaben und Zahlen). Folge einfach den Spalten und Zeilen. "A2" bedeutet z. B. "g". "A1E2B4C2C3B3A4B1C4C1B2" ist die Geheimschrift für "aktionsbuch".

	A	B	C	D	E	F
1	a	b	c	d	e	f
2	g	h	i	j	k	l
3	m	n	o	p	q	r
4	s	t	u	v	w	x
5	y	z	ß	ä	ö	ü
6	-	,	.	!	?	Leerzeichen

Wenn du eine "0" hinter den Code setzt, dann hast du einen Großbuchstaben. "A20" bedeutet also "G".

(Tipp: Gegenüber ist noch so eine Tabelle. Reiß sie raus und gib sie deinem Freund oder deiner Freundin. Dann könnt ihr heimlich Briefe schreiben.)

Hier findest du eine coole Geheimschrift. Die Bezeichnungen an den Rändern sind die Koordinaten für die Buchstaben (Großbuchstaben und Zahlen). Folge einfach den Spalten und Zeilen. "A2" bedeutet z. B. "g". "A1E2B4C2C3B3A4B1C4C1B2" ist die Geheimschrift für "aktionsbuch".

	A	B	C	D	E	F
1	a	b	c	d	e	f
2	g	h	i	j	k	l
3	m	n	o	p	q	r
4	s	t	u	v	w	x
5	y	z	ß	ä	ö	ü
6	-	,	.	!	?	Leerzeichen

Wenn du eine "0" hinter den Code setzt, dann hast du einen Großbuchstaben. "A20" bedeutet also "G".

(Tipp: Nun habt ihr beide so eine Tabelle. Ihr könnt euch jetzt heimlich Briefe schreiben. Nur dein Freund oder deine Freundin kann sie lesen.)

Das ist nur die Rückseite von der zweiten Geheim-schrift-Tabelle. Müsste eigentlich schon rausgeris-sen sein.

Such dir zwei Stöcker und trommel damit auf dem Buch rum.

(Tipp: Denke dabei an jemanden, den du überhaupt nicht leiden kannst.)

Mache diese Seite nass und hänge das Buch zum Trocknen an einer Wäscheleine auf.

(Tipp: Warte, bis es wirklich trocken ist. Ein schimmliges Buch ist selten von Vorteil.)

Eierpampe aus Sand und Wasser machen kann jeder. Mach doch mal Modder aus Sand und Eiswürfeln. Wälze die Eiswürfel so lange im Sand, bis du Matsch hast. Das ist nicht nur cooler, das ist echt geilchen!!!

(Tipp: Bau auf dieser Seite einen Kleckerturm und wische ihn danach wieder weg. Sonst kriegst du das Buch nicht mehr zu.)

Erfinde eine <u>Sportart</u>, die es noch nicht gibt und schreibe sie hier auf.
(Info: Luftgießkanne ist leider schon an den Buchautor vergeben.)

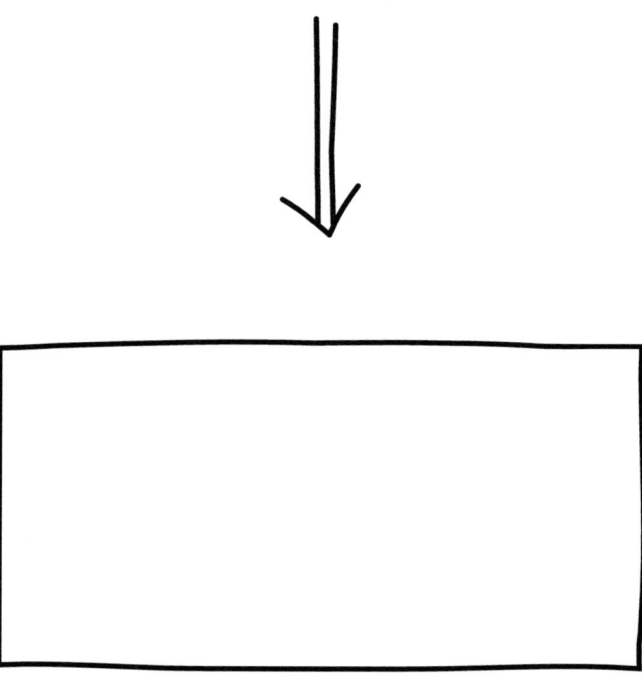

(Tipp: Übe diesen Sport aus, dann bist du sogleich Weltmeister.)

Versuche, mit <u>Messer</u> und <u>Gabel</u> möglichst viele Stücke von dieser Seite abzuschneiden.

(Tipp: Das Papier bitte NICHT aufessen.)

Das ist die Rückseite von der Messer- und Gabelseite. Die müsste jetzt ganz schön zerfleddert sein.

Stell dich breitbeinig hin. Nimm das Buch und werfe es nach hinten durch die Beine – so <u>hoch</u>, wie du kannst. Spiel das mit deinen Freunden.

(Tipp: Das Buch fällt auch wieder runter. Stell dich am besten nicht dort hin, wo das Buch hin will. Oder trickse es mit einem Helm aus.)

Fang einen Käfer. Befestige ihn bitte <u>NICHT</u> mit Klebeband! Setze ihn auf das Blatt. Hinter ihm kannst du dann einen Stift auf das Papier setzen, mit dem du ihn verfolgst. Dann hat er für immer eine Spur hinterlassen. Vergiss nicht, dem Käfer wieder die Freiheit zu geben.

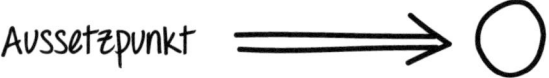

(Tipp: Wenn dir ein Käfer zu schnell ist, dann probier es doch mal mit einer Schnecke.)

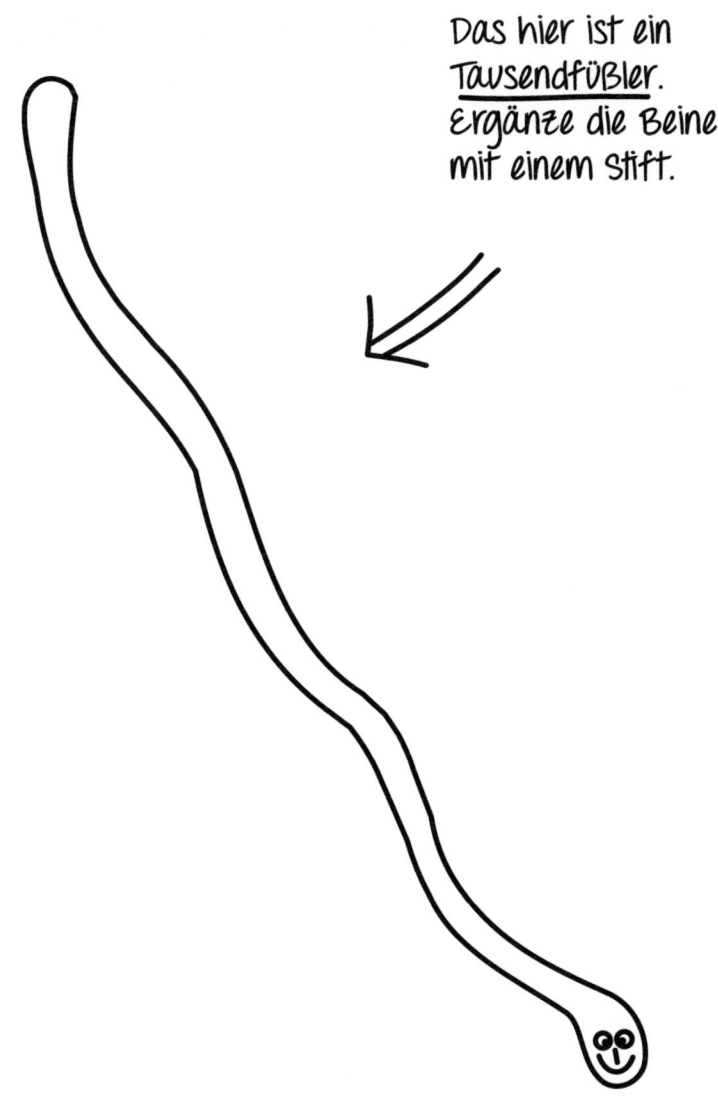

Das hier ist ein <u>Tausendfüßler</u>. Ergänze die Beine mit einem Stift.

(Tipp: Du hast doch wohl nicht etwa die Füße vergessen?)

Klemme das Buch unter deinen Arm.

(Tipp: Warte damit, bis du so richtig verschwitzt bist.)

Schneide dieses schild aus und beschrifte es auf der Vorderseite mit: "Bitte nicht stören !!!" Schreib auf die Rückseite: "Bitte aufräumen !!!"

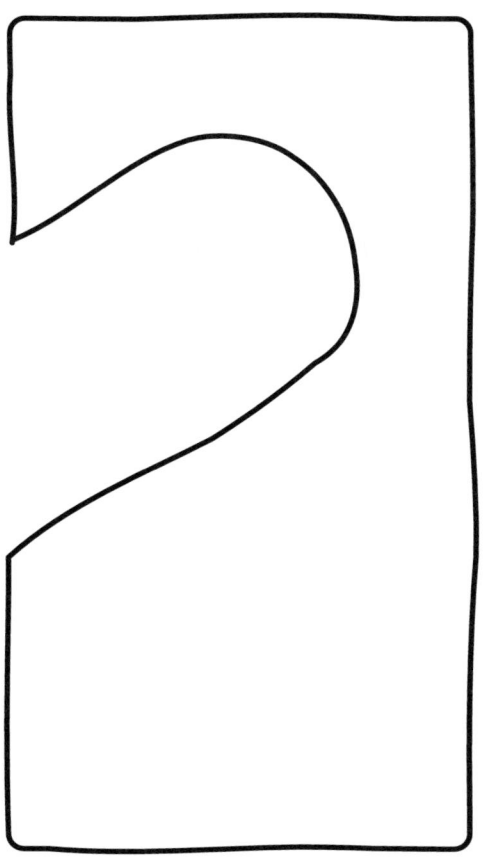

(Tipp: Hänge das Schild von außen an die Türklinke deines Kinderzimmers - und zwar so rum, wie du es gerade brauchst.)

Rückseite vom Kinderzimmerschild

Lass dir bei diesem Experiment von deinen Eltern helfen. Klebt mit richtig gutem Sekundenkleber eine Ein-Cent-Münze auf den Gehweg. Beobachte dann aus einiger Entfernung, wie die Leute vergeblich versuchen, die <u>Münze</u> aufzuheben.

(Tipp: Mit einem Ein-Euro-Stück geht es noch besser. Das scheint etwas beliebter zu sein.)

Setz dich mit einem Freund oder einer Freundin irgendwo hin. Verabredet beide, <u>nicht</u> miteinander zu <u>sprechen</u>. (Lautes Lachen ist dabei auch nicht erlaubt.)

(Tipp: Quatsch machen, ohne darüber zu quatschen, geht einfach nicht.)

Setze einen neuen Trend und ersetze in deinem Sprachgebrauch "cool" durch "geilchen". Immer dann, wenn du vorher "cool" gesagt hast, sagst du von nun an "geilchen". ("Oldies" statt "Eltern" zu sagen, wäre auch so eine Idee. Dir fallen da bestimmt noch mehr solche Sachen ein.)

(Tipp: Beobachte deine Freunde, ob sie deinem Trend folgen.)

Schreibe mit einem Füller den Namen von demjenigen (derjenigen) in das Herz, in den (die) du gerade <u>verknallt</u> bist.

Mach ihn dann mit einem Tintenkiller gleich wieder weg. Soll ja schließlich keiner wissen, in wen du so verknallt bist.

(Tipp: Wenn du an die ewige Liebe glaubst, kannst du auch einen Kugelschreiber nehmen.)

Seite 69

Lege deine linke Hand so auf das Buch, dass deine Finger außer dem Daumen auf dem unteren Teil der Seite liegen. Zeichne mit einem Stift die Umrisse der Finger und male ihnen Gesichter, tolle Frisuren und Hüte oder so.

(Tipp: Lass dich bei den Gesichtern von nahe stehenden Verwandten, Freunden oder Bekannten inspirieren. Schreibe ihre Namen dazu.)

Lass das Buch zehnmal auf den Boden fallen. Zähle, wie oft es mit der Titelseite oder der Rückseite nach oben oder sogar aufgeschlagen landet. Mach dafür drei <u>Strichlisten</u>.

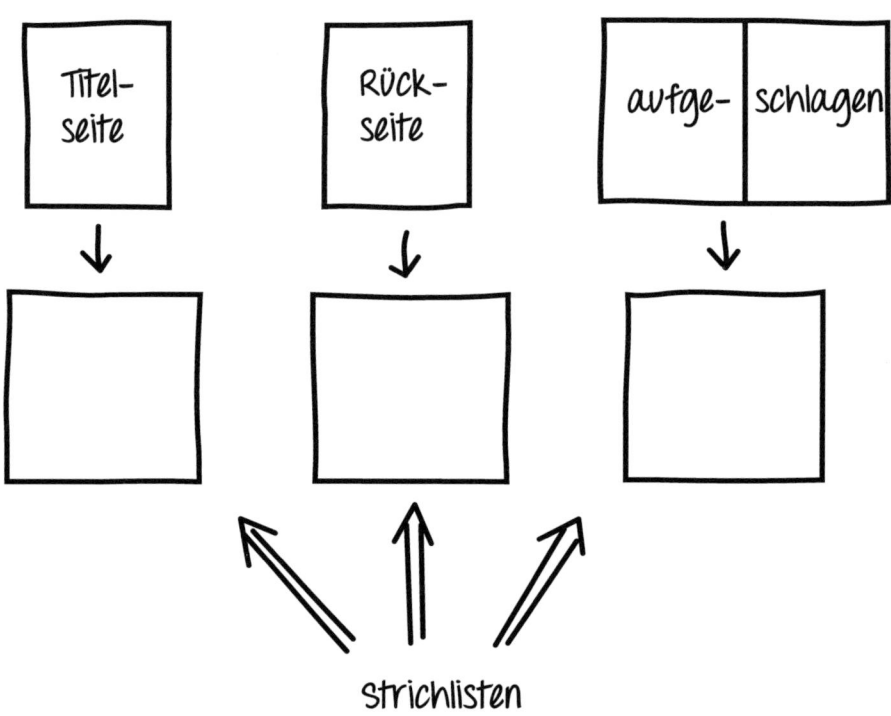

(Tipp: Wiederhole deinen Versuch doch mal mit einer Marmeladenstulle.)

Das wird ein <u>Fensterbild</u> zum Klappen. Schneide dazu mit einer kleinen Schere (z. B. Nagelschere) an der oberen und unteren Seite des Bildes zwei Schlitze (entlang der durchgezogenen Linien). Dann schneide das Gesicht in der Mitte von unten nach oben durch (entlang der dünnen geraden Linie). Nun klappe die Bildhälften abwechselnd an den gestrichelten Linien zur Seite.

(Tipp: Stell das Bild einfach so ein, wie du gerade gelaunt bist.)

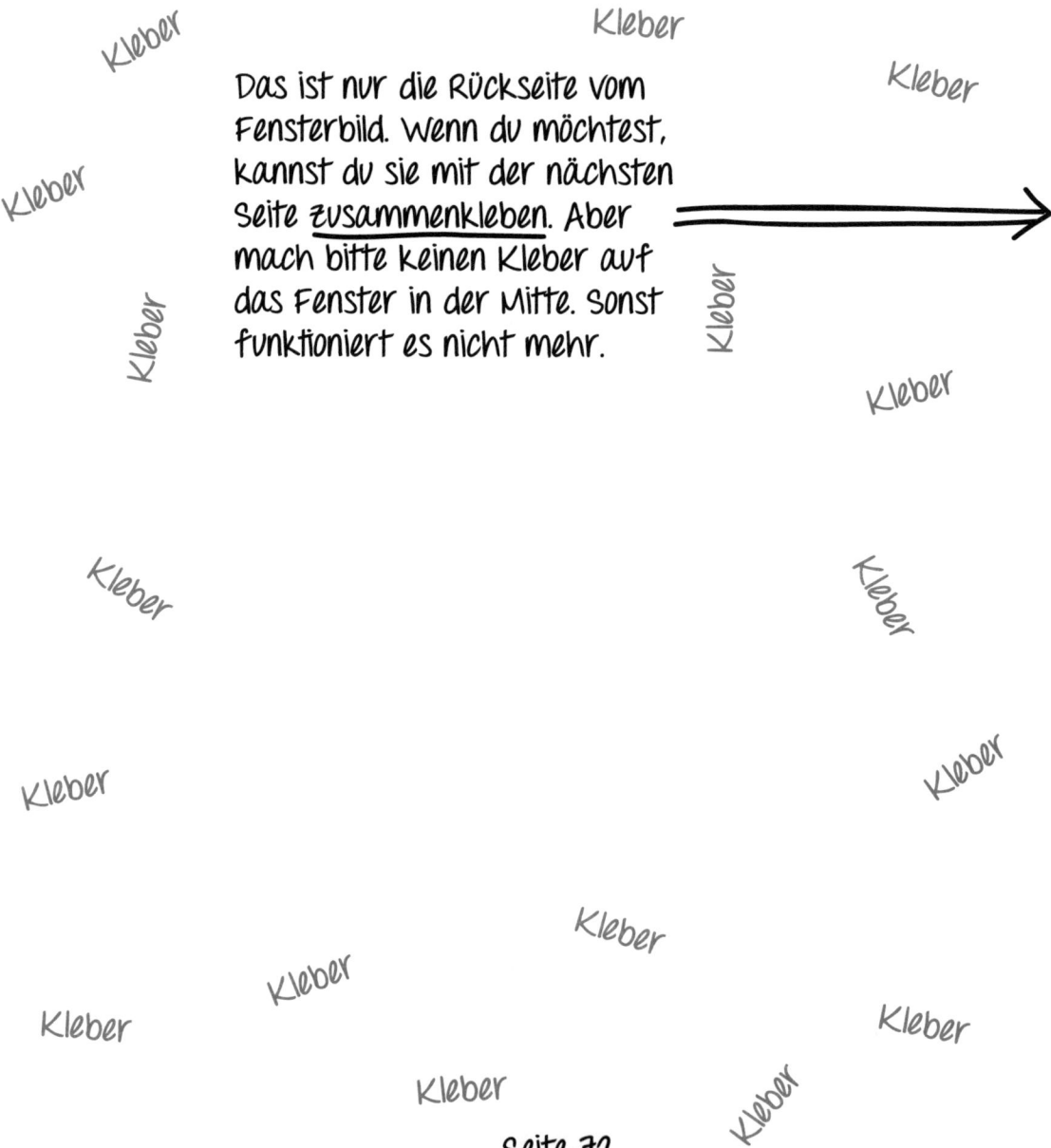

Diese Seite gehört mit zu dem Fensterbild von Seite 71.

Erfinde neue Schimpfwörter und schreibe sie hier auf.

⇓

(Tipp: Du kannst auch bereits bekannte Schimpies neu kombinieren.)

Lege das Buch auf den Boden und lass von oben <u>Filzstifte</u> mit der Mine nach unten auf diese Seite fallen. Versuche, in die Mitte der Zielscheibe zu treffen. (Mit dicken Eddings geht das am besten.)

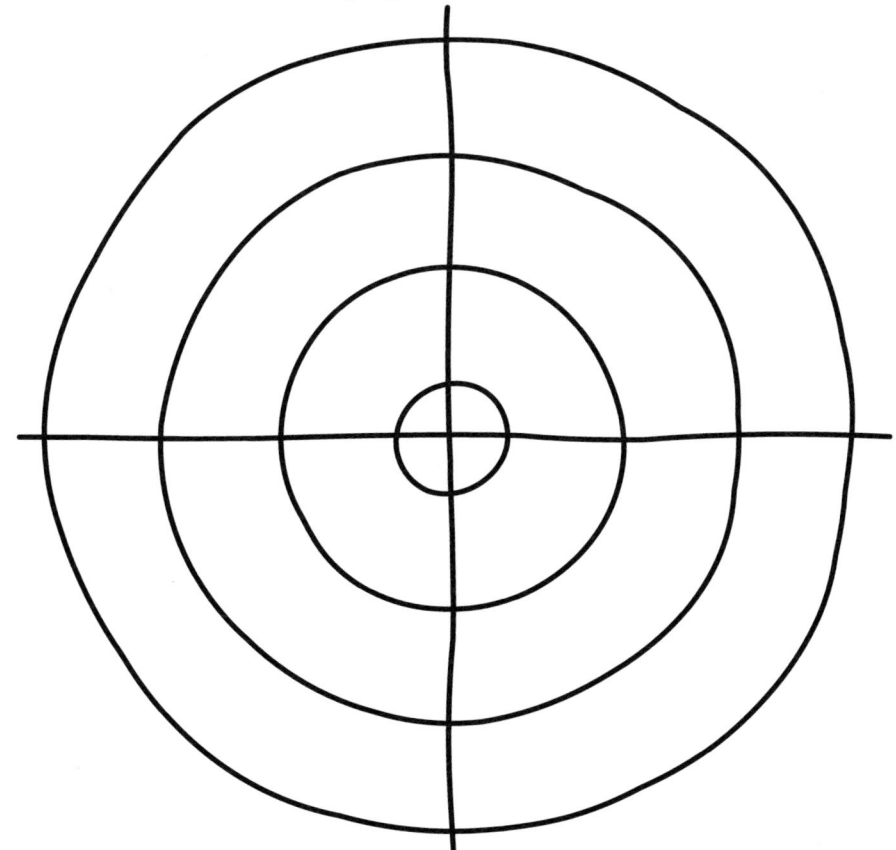

(Tipp: Achte darauf, dass im Umfeld des Buches keine Sachen sind, die lieber nicht getroffen werden sollen.)

Zähle die Blätter von einem kleinen Baum, einem Strauch oder von einem Busch. Wenn du dir nicht ganz sicher bist, zähle nochmal nach. Trage die Zahl hier ein:

(Tipp: Du brauchst das nur machen, wenn du wirklich wissen möchtest, wie viele Blätter so eine Pflanze hat. Mit Sonnenblumenkernen geht es auch gut.)

Pieke mit einer Nadel (oder Zirkelspitze) ein Loch in diese Seite und klebe ein Pflaster drauf.

(Tipp: Mehr Löcher, mehr Pflaster – mehr Spaß.)

Verkloppe diese Seite mit einem Stein.

(Tipp: Mach dabei Laute wie ein Urmensch.)

Bastel eine <u>Sicherheitsnadel-Tasche</u>. Nimm dazu dieses und das nächste Blatt (also die Seiten 79 bis 82). Pass auf, dass beide Blätter genau übereinander liegen und pieke mit einer Sicherheitsnadel durch beide Blätter. Von hinten piekst du nochmal rein und kommst auf der Vorderseite wieder heraus. Platziere eine Reihe von Sicherheitsnadeln am rechten und am unteren Rand. Schon hast du eine tolle Tasche.

(Tipp: Oben kannst du deine Tasche prima mit einer weiteren Sicherheitsnadel verschließen.)

Seite 79

Das ist nur eine Innenseite von der Sicherheitsnadel-Tasche.

Das ist nur eine
Innenseite von der
Sicherheitsnadel-
Tasche.

Das ist die Rückseite von deiner Sicherheitsnadel-Tasche. Aber da passt noch prima ein <u>Witz</u> drauf:

Zwei Freunde sind beim Zelten. Es wird Abend und sie ziehen sich ihre Schlafanzüge an. Aber einer der beiden zieht seltsamerweise seine Turnschuhe nicht aus.

Da fragt ihn der andere: "Sag mal, warum lässt du denn deine Turnschuhe an?"

"Na ja, wenn ein Bär kommt, dann kann ich schneller weglaufen."

"Stimmt schon, aber mit Schuhen bist du doch auch nicht schneller als ein Bär."

"Richtig, aber ich bin schneller als du."

(Tipp: Erzähle den Witz weiter. Meistens ist es so, dass die anderen dann auch Witze erzählen. Mehr Witze - mehr Spaß.)

Schneide dieses Blatt in <u>Streifen</u> (entlang der Linien). Reiße sie aus dem Buch heraus und forme daraus kleine Papierkügelchen. Die brauchst du für das nächste Spiel. Danach kannst du sie in der Tasche auf Seite 79 verstauen.

(Tipp: Mit etwas Spucke werden die Kügelchen runder.)

(Tipp: Mit etwas Spucke werden die Kügelchen runder.)

(Tipp: Mit etwas Spucke werden die Kügelchen runder.)

(Tipp: Mit etwas Spucke werden die Kügelchen runder.)

(Tipp: Mit etwas Spucke werden die Kügelchen runder.)

(Tipp: Mit etwas Spucke werden die Kügelchen runder.)

Seite 84

Das ist nur die Rückseite von den
Streifen für die Papierkügelchen.
Die müssten schon rausgerissen sein.

Seite 85

Schneide mit einer kleinen Schere nur an dem durchgezogenen Strich bei dem Viereck einen Schlitz (oben, links und unten). Schneide den Kreis aus. Dann falte das Rechteck an der gestrichelten Linie und klappe es so, dass es aus dem Buch herausragt. Schließe das Buch und leg es auf einen Tisch. Knicke das Blatt, bis es herunterhängt. Werfe mit Papierkügelchen oder Kirschkernen und versuche, das <u>Loch</u> zu treffen.

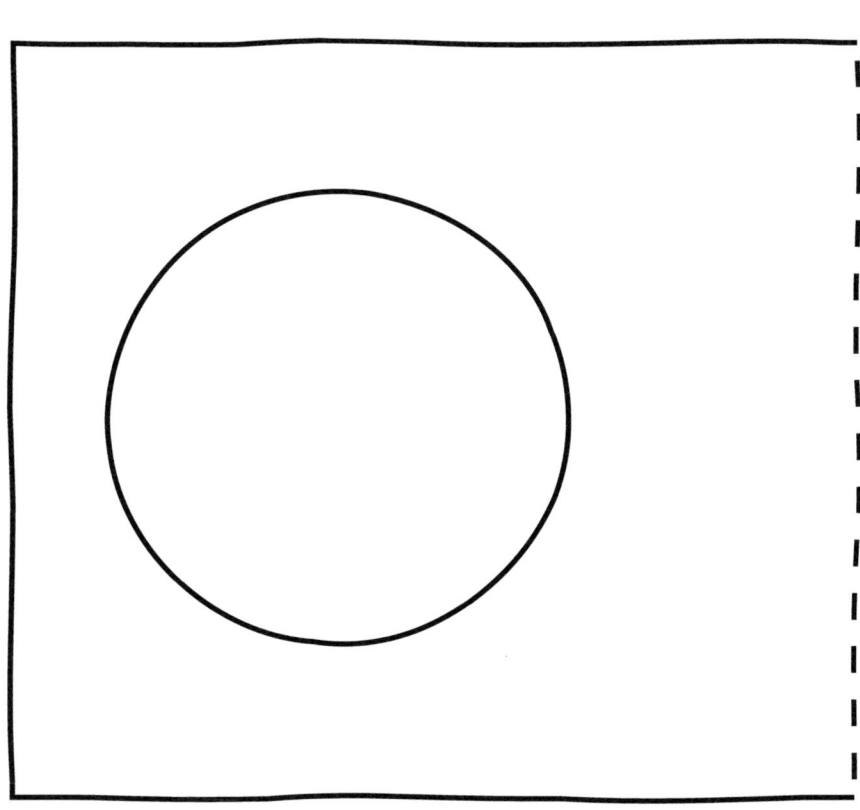

(Tipp: Klappe das Spiel wieder ein, wenn du es nicht mehr brauchst.)

Seite 86

Das ist nur die Rückseite
von dem Spiel mit dem Loch.
Da müsste jetzt eigentlich
ein Loch drin sein.

Ernte einen Popel. Klebe ihn auf dieser Seite mit durchsichtigem Klebeband fest. Dann hast du immer einen zur Hand, falls du mal einen verschenken möchtest. Du brauchst ihn dann nur noch auszuschneiden. (Tipp: Wenn du den Popel herzförmig ausschneidest, kommt dein Geschenk besser zur Geltung und eignet sich auch für feierliche Anlässe.)

(Tipp: Klebe noch mehrere Reservepopel fest. Für alle Fälle, man kann ja nie wissen.)

Das ist die Rückseite von den aufgeklebten Popeln. Halte sie bitte frei, falls du mal einen ausschneiden und verschenken möchtest.

Nimm einen Bleistift und <u>schraffiere</u> damit die ganze Seite, bis sie überall grau ist. Halte den Stift dabei schräg, so dass die Mine seitlich auf dem Blatt liegt. Zeichne mit einem Radiergummi eine Sonne in die Mitte.

(Tipp: Am besten geht das mit einem Bleistift, wo hinten schon ein Radiergummi dran ist.)

Schätze mal, wie oft du schon welche Sachen vergessen hast. Trage die Zahl auf der linken Seite ein. Bitte deine Eltern um ihre Einschätzung auf der rechten Seite.

	deine Schätzung	Schätzung von deinen Eltern
Mütze		
Jacke		
Handschuhe		
Sportzeug		
Federtasche		

(Tipp: Falls es unterschiedliche Einschätzungen gibt, hast du vielleicht auch noch vergessen, was du vergessen hast. Kann ja mal vorkommen.)

Auf dieser Seite kannst du kleine Zeppeline basteln, die prima fliegen. Schneide unten das Viereck aus und dann schneide es in Streifen. An den Seitenrändern siehst du kleine Striche. Schneide die Streifen dort ein. Biege sie und stecke sie an den Einschnitten zusammen. Fertig ist der Zeppelin. Wirf ihn hoch und lass ihn fliegen.

(Tipp: Aus dem Fenster mag er es am liebsten.)

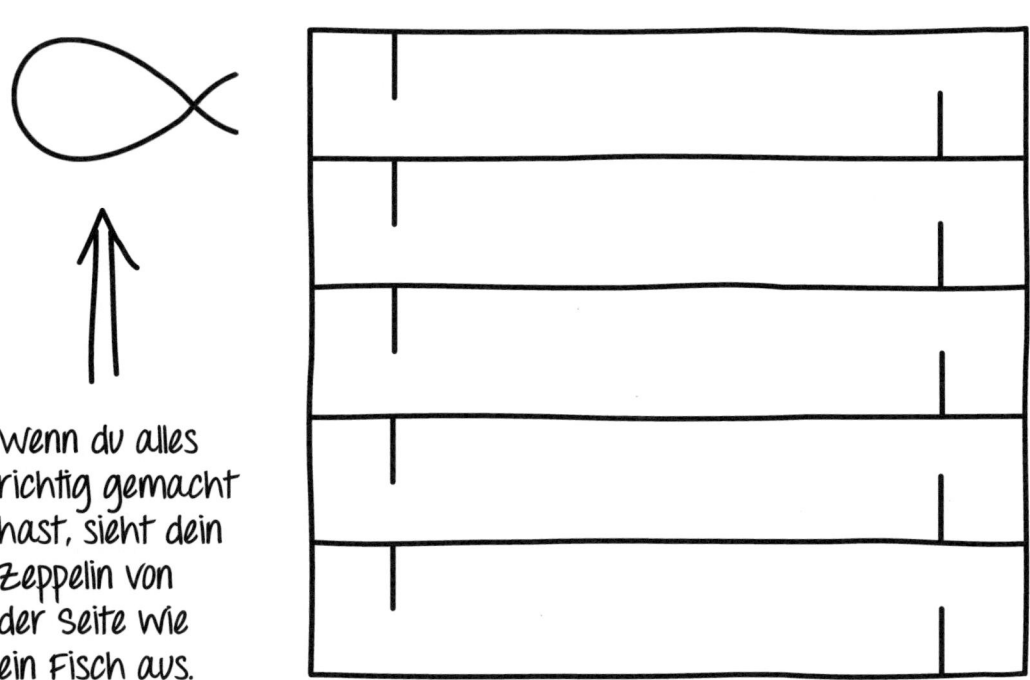

Wenn du alles richtig gemacht hast, sieht dein Zeppelin von der Seite wie ein Fisch aus.

Das ist die Rückseite von
der Zeppelin-Bastel-Aktion.

Probiere möglichst viele Arten, deine _Zunge_ rauszustrecken:

Zieh an deinem Ohr. ⟶ Zunge rausstrecken
Zieh am anderen Ohr. ⟵ Zunge wieder rein

Klopfe auf deinen Hinterkopf. ⟶ Zunge rausstrecken
Klopfe dir auf die Stirn. ⟵ Zunge wieder rein

Tu so, als hättest du einen Knopf an deiner Wange.
Dreh den Knopf rechts rum. ⟶ Zunge rausstrecken
Dreh den Knopf zurück. ⟵ Zunge wieder rein

Tippe einmal auf deine Nase. ⟶ Zunge rausstrecken
Tippe zweimal auf die Nase. ⟵ Zunge wieder rein

Schließe deine Augen. ⟶ Zunge rausstrecken
Öffne sie wieder. ⟵ Zunge wieder rein

Finde noch möglichst viele andere Möglichkeiten heraus. Denke dir, da wäre irgendwo eine Kurbel, deine Zunge wäre eine Schublade und so...

(Tipp: Verwende diese Möglichkeiten, wenn immer du sie brauchst.)

Merke dir diese <u>Abzählreime</u> und erzähle sie weiter.

Ein rosaroter Panther
pinkelt in die Fanta,
trinkt sie wieder aus
und du bist raus.

Eene meene mopel,
wer frisst Popel?
Süß und saftig,
einen Euro achtzig.
Einen Euro zehn
und du kannst gehn.

Salamander,
Arsch auseinander.
Arsch wieder zu
und raus bist du.

Frage deine Freunde nach anderen <u>coolen</u> Abzählreimen und schreibe sie hier auf:

Nimm einige <u>Äpfel</u> und tu sie in eine Schüssel voll Wasser. Versuche, einen Apfel mit dem Mund zu greifen, ohne dabei mit den Händen zu schummeln. Du kannst ihn dann aufessen. Zum Beweis klebe die Apfelkerne mit durchsichtigem Klebeband auf diese Seite.

(Tipp: Am meisten Spaß macht es, wenn man das zusammen mit einem Freund oder einer Freundin macht.)

Sammel einige Kronkorken und lege sie mit der geribbelten Seite auf dieses Blatt. Dann schlage mit einem Hammer (oder einem Stein) drauf. Die Konturen der Deckel müssten sich nun auf der Seite abzeichnen. Versuche vorsichtig, die Kreise von der Seite zu lösen. Schon hat deine Seite ein paar schöne Löcher.

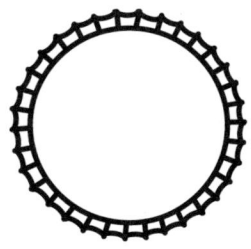

(Tipp: Es genügt natürlich auch, einen Kronkorken mehrmals zu nutzen.)

Das ist die Rückseite von
den Kronkorken-Löchern.

Bastel eine ganz besondere <u>Flaschenpost</u>. Bitte deine Eltern, dir hierfür eine Pfandflasche aus Plastik zu geben. Sonst funktioniert es leider nicht.

Sprich den Text von deinem Brief in die geöffnete Flasche und schraube sie dann ganz schnell wieder zu.

Nimm deine Flaschenpost und geh mit deinen Eltern in den Supermarkt. Gebe die Pfandflasche dort ab und lass dir einen gesonderten Bon geben. An der Kasse kannst du dir dann den Pfandbetrag <u>auszahlen</u> lassen. Auf eine Antwort auf deinen Brief brauchst du natürlich nicht zu warten, aus deiner Flasche wird einfach was anderes Schönes gemacht.

(Tipp: Du kannst den Trick auch nochmal bei Oma und Opa wiederholen, dann hast du mehr Pfandgeld. Probier es auch bei Onkels und Tanten.)

Zur Auflockerung gibt es hier mal eine kleine Geschichte: <u>Der Spatz</u>

Ein Spatz flog durch die Fußgängerzone - mit einem riesigen Keks im Schnabel. Alle staunten, wie er das überhaupt schaffen konnte. Doch dann kam es, wie es kommen musste. Der Keks fiel runter und zerbrach in viele kleine Stücke. Andere Spatzen machten sich gleich darüber her. Als der Spatz unten angekommen war, war nix mehr da. So flog der Spatz ohne seinen Keks nach Hause.

Die Leute fragten sich, was da los ist und eröffneten eine Diskussion: "So ein gieriger Spatz, der den Keks ganz für sich allein haben wollte. Das geschieht ihm recht so!" "Vielleicht war es ja auch ein ganz lieber Familien-Spatz, der den Keks zu seinen hungrigen Kindern bringen wollte? Da hat er aber Pech gehabt."

Dabei war es einfach nur wie so oft: Da wollte einer mal etwas richtig Großes vollbringen und den Erfolg haben dann die anderen eingeheimst.

Wenn dir auch eine <u>Geschichte</u> einfällt, kannst du sie hier aufschreiben.

Nimm eine Taschenlampe und leuchte die Seite schräg an. Umrande die hellen Stellen mit farbigen Stiften. Beleuchte die Seite aus verschiedenen Richtungen und aus verschiedenen Entfernungen. Bis du ganz viele Eier (Ellipsen) gezeichnet hast. Je mehr - um so besser.

(Tipp: Signiere das Bild und gib ihm einen Titel. Dann ist es große Kunst.)

Du wünschst dir ein Haustier und deine Eltern wollen dir einfach keins besorgen? Dann schneide einfach das Rechteck aus, trage dein Lieblingstier, deinen Vornamen und die Telefonnummer deiner Eltern ein. Dann machst du einen Aushang. Die gestrichelten Linien kannst du noch einschneiden. (Dann können die Leute besser die Telefonnummer abreißen.)

Haustier entlaufen !!!

.... bevorzugt.

Wenn meine Eltern ans Telefon gehen, bitte nach .... fragen.

Telefon: | Telefon: | Telefon: | Telefon: | Telefon:

(Tipp: Kleine Rächdschrejpvehla wie "Hunt" oder "Kaze" machen deine Anzeige besonders glaubwürdig. Und lass deine Eltern nichts von der Aktion wissen. Sonst wird dir die Überraschung nicht gelingen. Ach so, wenn du den Zettel kopierst, kannst du noch ein paar mehr Aushänge machen.)

Das ist nur die Rückseite von deiner Haustier-Such-Anzeige.

Beginne auf dieser Seite "Sie (er) liebt mich, sie (er) liebt mich nicht...." zu spielen. Immer, wenn du eine Seite umblätterst, sagst du abwechselnd "Sie (er) liebt mich." oder "Sie (er) liebt mich nicht." Überlege, an wen du dabei denken willst und beginne auf dieser Seite mit "sie (er) liebt mich."

Kreuze an, was bei deinem Spiel herausgekommen ist:

☐ Sie (er) liebt mich.

☐ Sie (er) liebt mich nicht.

(Tipp: Je nachdem, was am Ende rauskommen soll, kannst du den Buchumschlag hinten mitzählen oder auch nicht. Dann stimmt es immer.)

Lerne diesen <u>Zungenbrecher</u> auswendig und erzähl ihn deinen Freunden.

> Klitzekleine Katzen
>
> kotzen klitzekleine Kotze.
>
> Klitzekleine Kotze
>
> kotzen klitzekleine Katzen.

(Tipp: Frag deine Freunde nach anderen lustigen Zungenbrechern.)

Schneide das Viereck aus und schreib auf die Vorderseite:

"Bitte wenden!"

Dreh den Zettel um und schreib auch auf die Rückseite:

"Bitte wenden!"

Lege den Zettel irgendwo hin und überwache ihn aus einem Versteck. Beobachte dabei die Leute, die ihn finden und lesen.

Das ist nur die Rückseite von dem "Bitte Wenden" - Zettel. Sie ist zu nichts weiter zu gebrauchen.

Hier siehst du ein Labyrinth. Probiere mit dem Finger, vom Eingang zum Ausgang zu gelangen. Zu einfach? Dann nimm das nächste Blatt mit dazu und halte beide Blätter gegen eine Fensterscheibe. Zeichne den Weg mit einem Stift nach.

(Tipp: Du kannst die beiden Blätter auch von hinten mit einer Taschenlampe beleuchten.)

Das ist nur die Rückseite vom ersten Labyrinth.

Mit diesem Labyrinth zusammen ist es etwas schwieriger.

(Tipp: Geh doch einfach außen rum. Hat keiner gesagt, dass du durch das Labyrinth musst.)

Das ist nur die Rückseite vom zweiten Labyrinth.

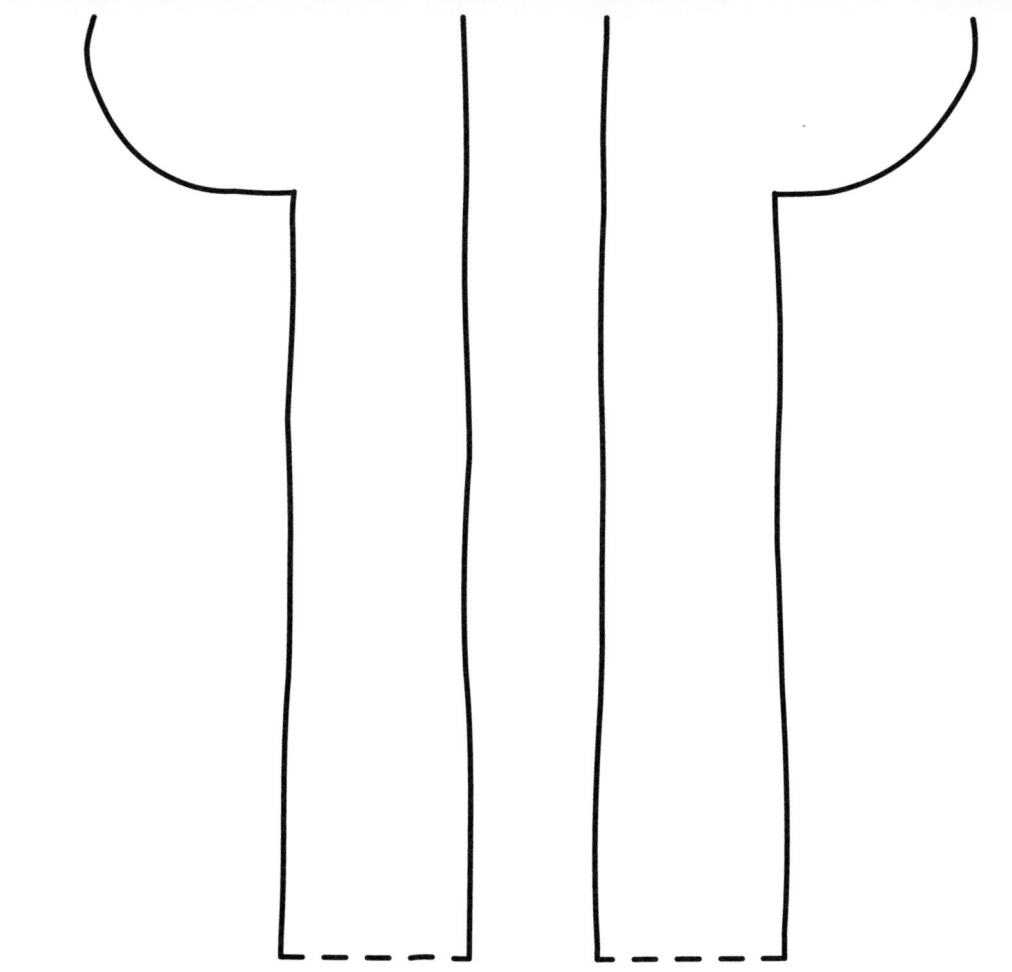

Bastel deinem Buch <u>Beine</u>. Schneide dazu an den durchgezogenen Linien entlang und falte die Beine an den gestrichelten Linien nach unten. Klappe das Buch zu und stell es hin oder lehne es irgendwo an. Die Beine baumeln dann gemütlich unten raus.

Das ist die Rückseite von der Beine-Baumel-Seite. Die Beine kannst du wieder einklappen.

Bastel dir einen Trichter. Knicke zuerst die untere Ecke um und danach die obere. In der Mitte überlappt sich dann das Papier. Klebe einen Streifen Klebeband dort hin und bedecke so den Spalt. Zum Schluss brauchst du nur noch die Ecke rechts an der durchgezogenen Linie abschneiden. Schon ist dein Trichter fertig.

(Tipp: Drehe das Buch so, dass die Trichteröffnung nach unten zeigt. Dann kannst du von oben Sand durch den Trichter rieseln lassen.)

+++ Klebeband +++ Klebeband +++

+++ Klebeband +++

Das ist die Rückseite von deinem Trichter.

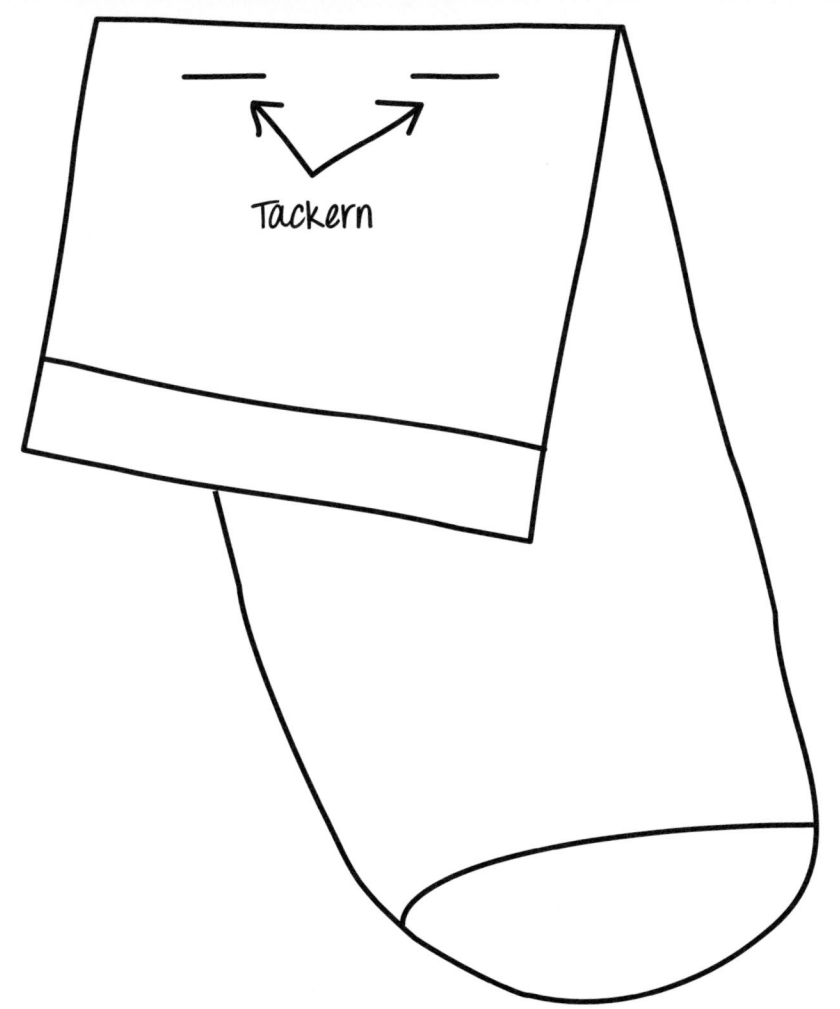

Nimm eine Socke, die du entbehren kannst, und stecke einen Glücks-Cent dort rein. Nun falte die Socke so wie im Bild und tacker sie an der Seite fest. (Tipp: Nimm hierzu die schmutzigste Socke, die du finden kannst. Dann traut sich da keiner ran und du hast den Cent sicher versteckt.)

So kannst du dir ganz einfach ein Socken-Boccia-Spiel basteln: Nimm zwei Paar alte Socken mit unterschiedlicher Farbe. Mach etwas Sand in die 4 Socken (in jede Socke etwa gleich viel). Halte die Socken am Bund fest und schüttel sie, damit der Sand bis ganz nach unten rieselt. Dann legst du die Socken flach hin und wickelst sie vom Zeh in Richtung des Bundes auf. Lass am Bund einen Rand von 5 cm und stülpe den Sockenbund über deine Rolle. Schon hast du einen Socken-Ball mit Sand drin. So machst du das mit allen 4 Socken. Ein Paar Socken-Bälle bekommt dein Mitspieler, das andere Paar ist für dich. Sucht euch ein Ziel (Stein, Kienapfel oder so) und zieht in einiger Entfernung davon eine Linie in den Boden. Von dort aus werft ihr eure Socken-Bälle so nah wie möglich an das Ziel. Wer am dichtesten dran ist, hat gewonnen.

(Tipp: Bislang hat jeder Spieler nur 2 Würfe. Mehr Socken, mehr Würfe.)

Bastel dir lustige Fingerpuppen. Achte dabei gut auf die Reihenfolge der einzelnen Schritte. Schneide zuerst das ganze Rechteck aus. Falte das Papier an der gestrichelten Linie vom "Kleber"-Feld und klappe dieses Feld nach hinten. (Jetzt siehst du nur noch zwei Felder - ein leeres und das mit der Eule.) Dreh das Papier um und verteile überall auf dem Kleberfeld Klebstoff. Falte das Papier in der Mitte und klapp die klebrige Seite von hinten auf das Eulen-Feld. Lass den Kleber etwas trocknen und dreh die Eule nach oben. Schneide den oberen Rundbogen vom Kopf ab. Wenn du die Eule an den Seiten etwas zusammendrückst, kannst du von unten deinen Zeigefinger reinstecken. Fertig ist die Fingerpuppe.

(Tipp: Mach dir vorher eine Kopie von dieser Seite. Dann kannst du mehrere Fingerpuppen basteln und sie verschieden anmalen. Mit Eule und Uhu lässt du dann so richtig die Puppen pupsen - ähm, tanzen.)

Seite 120

Das ist die Rückseite von den Fingerpuppen. Für eine Aktion ist da aber noch genug Platz: Setze das <u>fehlende Wort</u> im folgenden Gedicht ein.

Ein Eskimo, ein Eskimo,

der fasste sich an seinen ....

Ach so. Er hat ja einen Mantel an,

da kommt er an den .... nicht ran.

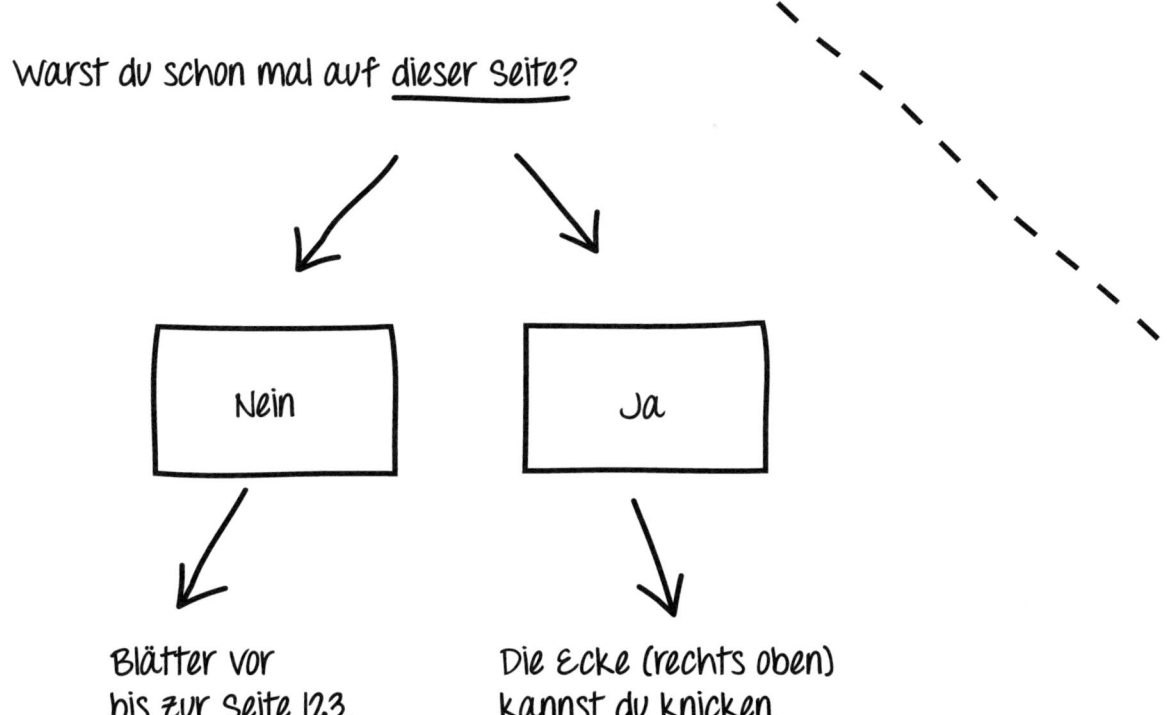

Die Ecke brauchst du nicht beachten. Das ist nur die Rückseite von der vorigen Seite. Der Rest der Seite ruht sich mal eben aus.

Rätsel: Ein Lutscher kostet 10 Cent. Du kaufst drei Lutscher zum Preis von fünf Lutschern und bekommst zwei Lutscher gratis dazu. Wieviel musst du bezahlen?

Lösung: 50 Cent

Hier kannst du kleine Hubschrauber basteln. Das geht so: Schneide unten das gesamte Viereck aus. Dann schneide es in Streifen (an den durchgezogenen Linien entlang). Schneide die Streifen jeweils am Ende etwas ein (durchgezogene Linie). Falte die Streifen an den vielen gestrichelten Linien, so dass sich eine geklappte Rolle bildet. Zum Schluss falte die Flügel am eingeschnittenen Ende. Einen klappst du nach vorn, den anderen nach hinten. Nun müsste dein Hubschrauber ungefähr so wie auf dem Bild aussehen. Werfe den Hubschrauber in die Luft oder stell dich auf einen Stuhl und lass ihn am ausgestreckten Arm fallen. Er dreht sich dann.

(Tipp: Am besten funktioniert es, wenn du die Hubschrauber aus dem Fenster fallen lässt.)

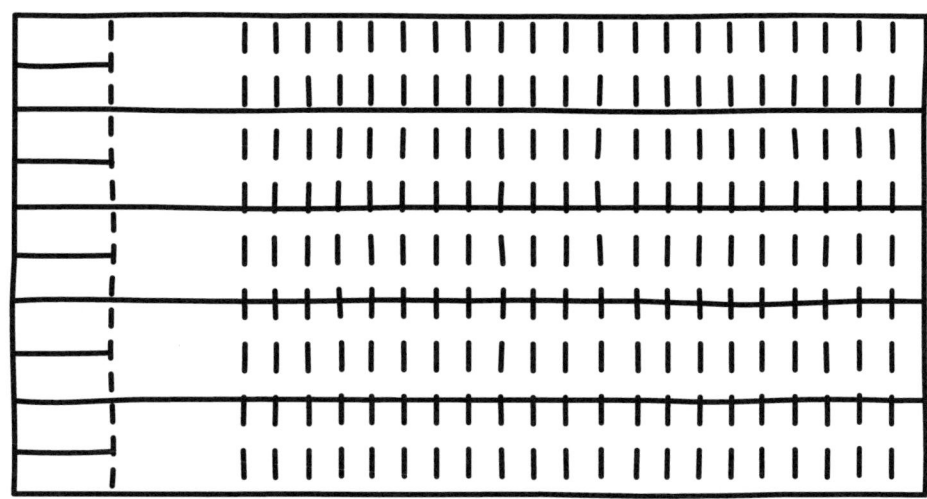

Das hier ist die Rückseite von der Hubschrauber-Bastelei. Sie müsste jetzt schon futsch sein.

Nimm dein Taschengeld von einer Woche und lege die <u>Münzen</u> unter diese Seite (also zwischen die nächsten beiden Seiten). Rubbel mit einem Bleistift auf dieser Seite rum, wo die Münzen liegen. Sie werden dann sichtbar.

(Tipp: Rette dein Taschengeld und gib es aus für Sachen, die dir wichtig sind. Du kannst es natürlich auch sparen, um dir später mal einen größeren Wunsch zu erfüllen.)

Bastel dir einen Puste-Kicker. Die Vorlage hierzu findest du auf der rechten Seite. Schwarze Linien sind Mach-und-Tu-Linien, die grauen nicht. Schneide die Seite an den kurzen durchgehenden Linien ein (insgesamt zehnmal). Die beiden Ecken müssten nun abgeschnitten sein. Dann falte die Ränder an den gestrichelten Linien nach oben (fünfmal). Schon ist das Spielfeld fertig. Such dir einen Mitspieler und besorge zwei Strohhalme und ein Papierkügelchen als Ball. Mit den Strohhalmen könnt ihr nun den Ball hin und her pusten. Wenn er durch das gegnerische Tor kullert, dann habt ihr ein Tor geschossen. Nach dem Spiel könnt ihr die Seitenränder wieder runterklappen.

(Tipp: Ohne Strohhalm geht es auch, einfach nur pusten reicht aus.)

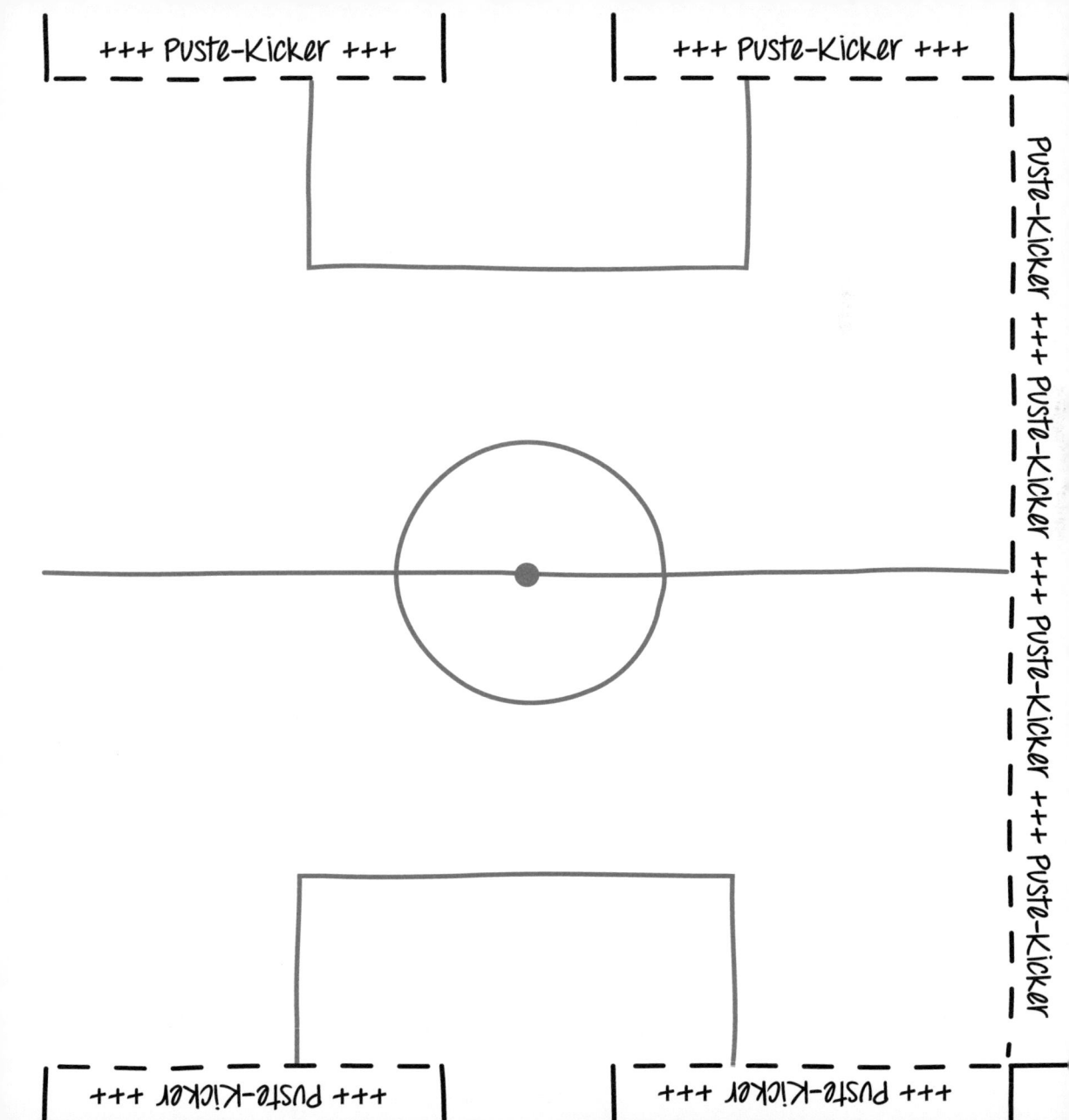

Das ist nur die Rückseite
von deinem Puste-Kicker.
Aber da ist ja noch Platz
für eine Aktion:

Klemme das Buch zwischen deine Oberschenkel und geh mit ihm spazieren. Gehe dort lang, wo dich möglichst viele Leute sehen können.

(Tipp: Pupse immer mal wieder. Dann findest du den Rückweg besser, weil du ihn am Geruch erkennst. Toller Trick, nicht?)

Schreibe hier alle deine <u>Spitznamen</u> auf, die man dir mal gegeben hat.

Klebe dann die Seite mit Zetteln von Haftnotiz-Blöcken zu. Bis nichts mehr zu lesen ist. Könnte ja peinlich sein. Ganz bisschen vielleicht so...

Lege eine Walnuss auf die nächste Seite. Schließe das Buch und trete ordentlich drauf. Bis du die <u>Nuss</u> geknackt hast.

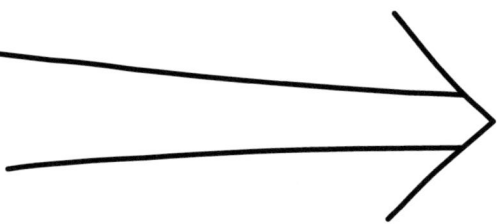

(Tipp: Beknackte Nüsse sind echt lecker.)

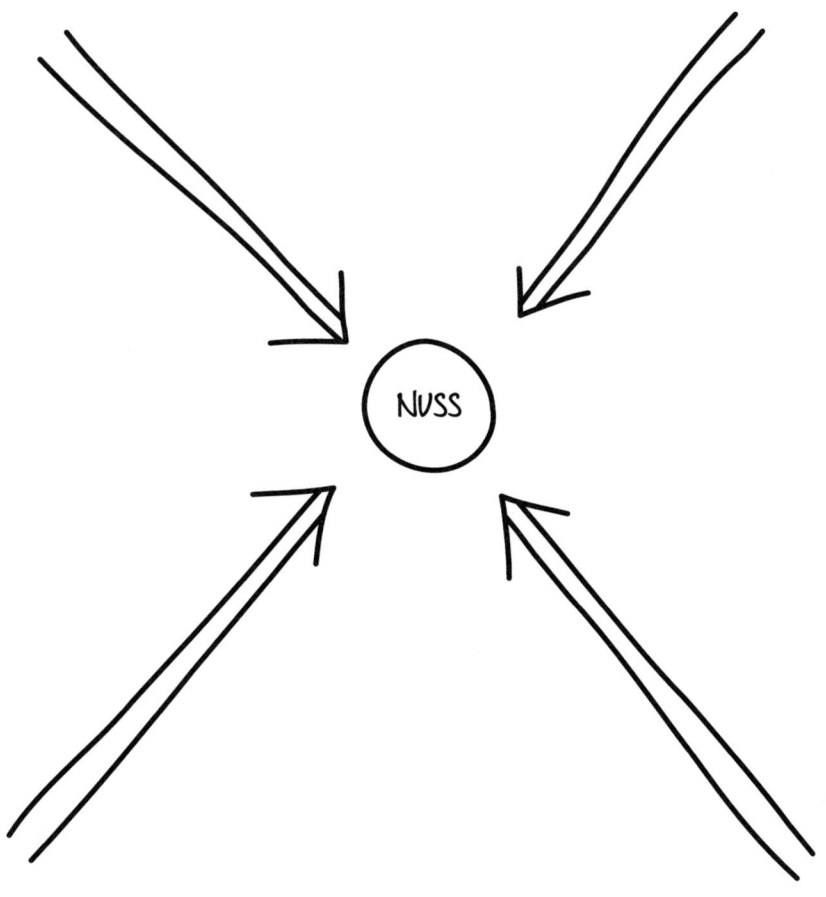

Lege das Buch irgendwo hin. <u>Bewerfe</u> es mit kleinen Steinen und notiere die Anzahl der Treffer – am besten mit einem Freund / einer Freundin.

Name / Runde	Würfe	Treffer

Schneide eins der Schilder aus und befestige auf der Rückseite einen Zahnstocher (oder einen abgebrochenen Schaschlikstab) mit einem Stück Klebeband. Dann hast du ein kleines Schild mit einem klasse Pikser unten dran. Suche einen möglichst großen Hundehaufen und stecke das Schild dort rein. Wiederhole die Aktion mit anderen Schildern.

(Tipp: Dieses Schild kannst du selbst mit einem coolen Spruch gestalten. Kleines Beispiel zur Anregung: "Kacke vom Hund ist ungesund.")

Das ist nur die Rückseite von den Hundekackeschildern. Da müssten jetzt schon Löcher drin sein.

Entdecke ein neues Naturgesetz. Es soll herausgefunden werden, ob Creme Falten wegmacht oder ob Falten Creme wegmachen. Trete den Beweis wie folgt an: Knicke die untere Ecke an der gestrichelten Linie einmal um und wieder zurück. Schon hast du eine Falte (in der Linie). Schmier etwas Creme drauf und verreibe sie auf der Falte. Beobachte, was passiert. Siehe da, die Creme ist weg und die Falte ist noch da.

Du hast soeben bewiesen, dass man mit Falten Creme wegmachen kann. Da nicht gleichzeitig auch das Gegenteil gelten kann (dass man mit Creme Falten wegmachen kann), ist das Naturgesetz bewiesen.

(Tipp: Mit dieser Erkenntnis lohnt es sich, mal das Taschengeld nachzuverhandeln. Warum sollen deine Eltern so viel Geld für Creme ausgeben, wenn man damit doch keine Falten wegbekommt? Da ist das Geld als Taschengeld viel besser angelegt. Viel Spaß beim Überzeugen deiner Eltern!!!)

Notiere hier das _Datum_ der Fertigstellung deines Buches.

Wenn dein Buch fertig ist, dann wiege es auf einer Küchenwaage. Schreibe hier das aktuelle _Gewicht_ auf (in Gramm).

Vergleiche das Endgewicht mit dem Startgewicht auf Seite 9. Kreuze an, ob dein Buch jetzt …

☐ _schwerer_ oder

☐ _leichter_ als vorher ist.

Messe die _Dicke_ des Buches an seiner dicksten Stelle (in Millimetern) und dokumentiere dein Ergebnis.

Vergleiche es mit dem Startwert auf Seite 9. Kreuze an, ob das Buch jetzt …

☐ _dicker_ oder   ☐ _dünner_ als zu Beginn ist.

Wenn dir das Buch gefallen hat, kannst du es gern deinen Freunden <u>empfehlen</u>. Pieke dazu mit einer Gabel Löcher entlang der gepunkteten Linien. Am besten geht es, wenn du etwas Moosgummi oder einige Blätter von einer Küchenrolle unterlegst. Dann kannst du die Schnipsel prima rausreißen und weitergeben. (Ausschneiden geht natürlich auch.)

AKTIONSBUCH Meins. Hände weg!!! (ISBN 978-3-7322-6315-8)

AKTIONSBUCH Meins. Hände weg!!! (ISBN 978-3-7322-6315-8)

AKTIONSBUCH Meins. Hände weg!!! (ISBN 978-3-7322-6315-8)

AKTIONSBUCH Meins. Hände weg!!! (ISBN 978-3-7322-6315-8)

AKTIONSBUCH Meins. Hände weg!!! (ISBN 978-3-7322-6315-8)

Seite 140

Dein Buch ist fertig? Dann bewahre es an einem <u>sicheren</u> Ort gut auf.

(Tipp: Merke dir diesen Ort für lange Zeit.)